Pionniers de chez nous

Maxine Trottier

Illustrations
d'Alan et Lea Daniel

Texte français de
Claude Cossette

Les éditions Scholastic

Pour ceux et celles qui nous ont précédés
– M.T.

Crédits photographiques

Page 6 : Samuel de Champlain, Habitation de Québec, Archives nationales du Canada, C-009711
Page 23 : J.E. Laughlin, Traversant un ruisseau, Ontario – Pionniers loyalistes, Archives nationales du Canada, C-013992
Page 34 : Artiste inconnu, Maison canadienne en bois rond, Archives nationales du Canada, C-006753
Page 36 : Belleville, côté est, 1830, Archives de l'Ontario, Thomas Burrowes, fonds C 1-0-0-0-110. I0002229)
Page 37 : Susanna Moodie, Goldfinch and Thistle, Bibliothèque nationale du Canada, NL-15558
Page 38 : Artiste inconnu, Fermes gratuites pour un million de personnes, vers 1890, Archives nationales du Canada, C-063482 (le texte au bas provient de C-063478)
Page 46 : Yousef Karsh, Wasyl Eleniak, 4 Janvier 1947, Archives nationales du Canada, PA-211301

Carte de Paul Dotey

L'auteure désire remercier Peter Cazaly et Larry Lozon de l'avoir éclairée sur certains aspects se rapportant à la culture britannique et aux militaires.

Catalogage avant publication de la Bibliothèque nationale du Canada

Trottier, Maxine
Pionniers de chez nous / Maxine Trottier ; illustrations d'Alan et Lea Daniel ; texte français de Claude Cossette.

(Biographies)
Traduction de: Canadian pioneers.
Pour enfants de 6 à 9 ans.
ISBN 0-7791-1406-X

1. Pionniers--Canada--Biographies--Ouvrages pour la jeunesse.
2. Vie des pionniers--Canada--Ouvrages pour la jeunesse. I. Daniel, Alan, 1939-
II. Titre. III. Collection: Biographies (Markham, Ont.)

FC25.T7714 2003 j971'.009'9 C2003-901007-4
F1005.T7714 2003

Édition publiée par Les éditions Scholastic, 175 Hillmount Road, Markham (Ontario) L6C 1Z7 CANADA.

6 5 4 3 2 1 Imprimé au Canada 03 04 05 06 07

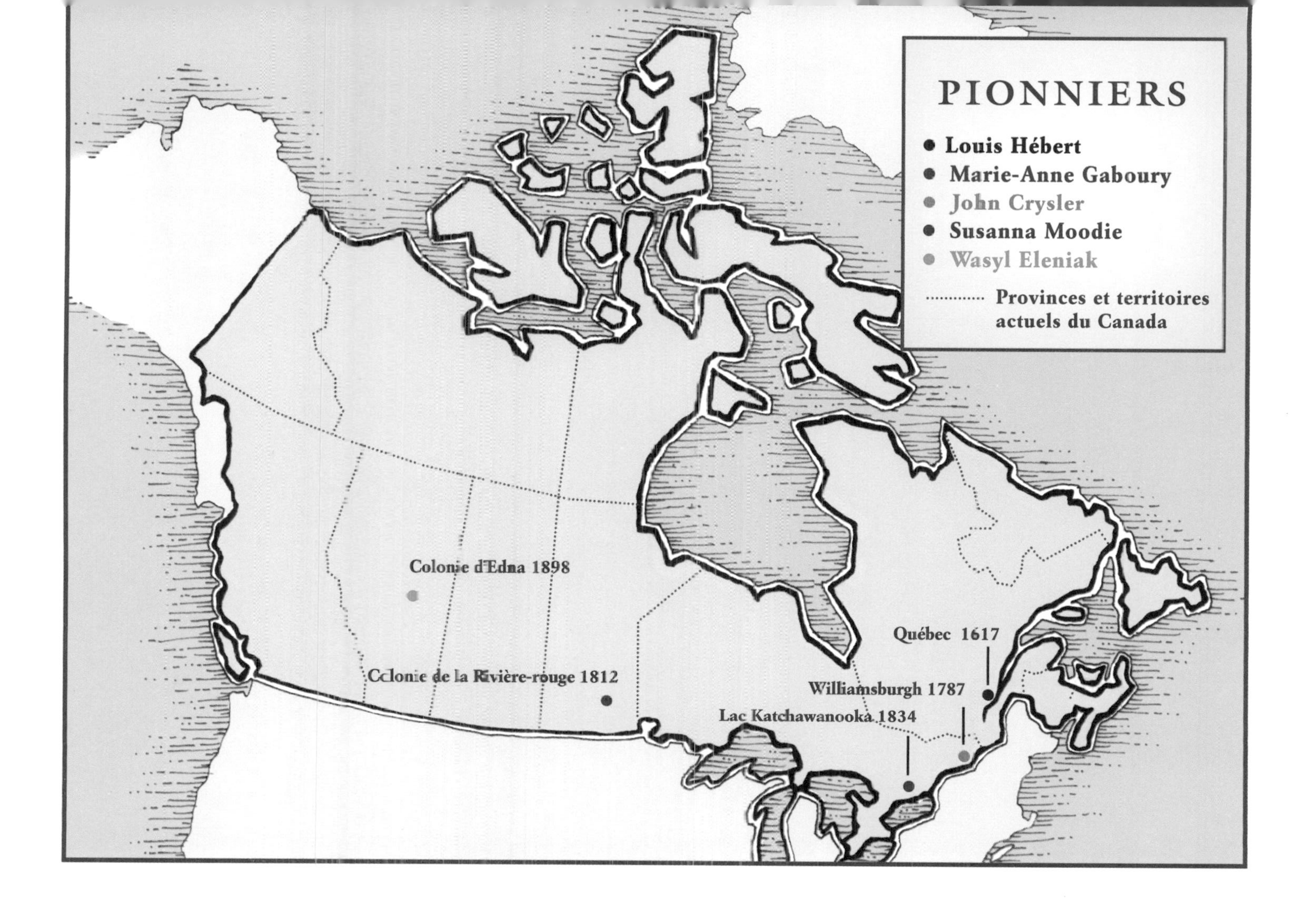
PIONNIERS
Louis Hébert
Marie-Anne Gaboury
John Crysler
Susanna Moodie
Wasyl Eleniak
Provinces et territoires actuels du Canada
Colonie d'Edna 1898
Colonie de la Rivière-rouge 1812
Québec 1617
Williamsburgh 1787
Lac Katchawanooka 1834

Louis Hébert

Le premier habitant

Il y a très longtemps, dans la lointaine France, un homme nommé Louis Hébert possédait un jardin près de la Seine. En ce printemps 1617, beaucoup d'autres jardins reprennent vie, mais celui de Louis est particulier. En effet, tout comme son père avant lui, Louis est un apothicaire, c'est-à-dire un homme qui prépare des médicaments. Son jardin parisien est rempli de menthe pouliote, de lavande, de camomille et de thym. Il y cultive aussi beaucoup d'autres herbes et plantes qu'il utilise dans la fabrication de ses médicaments.

Louis a toujours aimé cultiver des choses. Il ne se

doute pas qu'un jour, sa passion l'entraînera dans une grande aventure en Nouvelle-France.

Louis est allé en Nouvelle-France deux fois auparavant, dont une en compagnie de sa femme Marie. Il a travaillé comme apothicaire dans la colonie française de Port-Royal, où il a rencontré l'explorateur Samuel de Champlain. Après le retour des Hébert en France, Champlain s'est lancé dans la mise sur pied d'une nouvelle colonie à Québec, sur le fleuve Saint-Laurent.

Champlain est maintenant de retour à Paris. Comme les Hurons font la traite des fourrures, sa colonie de Québec va plutôt bien. Mais Champlain, qui travaille avec une compagnie de marchands faisant le commerce des fourrures en France, croit que la colonie devrait être plus qu'un simple poste de traite. Il se trouve donc à Paris dans le but de recruter des personnes pour sa colonie de Nouvelle-France.

Champlain fait une offre merveilleuse à Louis Hébert. Québec a besoin de quelqu'un pour veiller sur la santé des soldats, des commerçants et des prêtres qui travaillent là-bas. Champlain promet donc à Louis qu'il recevra un salaire de 200 livres par année. De plus, la compagnie de marchands français fournira matériel, nourriture et gîte à Louis et à sa famille.

Louis est né à Paris. C'est son chez-soi et celui de sa famille. Mais il a soudain la possibilité de posséder sa

propre terre et d'être indépendant. Il signe donc le contrat que Champlain lui offre. Les Hébert seront la première famille à arriver en Nouvelle-France.

Louis vend sa maison et sa boutique. Par la suite, en compagnie de sa femme Marie et de leurs trois enfants, Guillaume, Anne et Guillemette, il se rend au port de Honfleur.

Mais lorsqu'ils arrivent à leur bateau, le *Sainte-Étienne*, Louis reçoit une terrible nouvelle : sa famille et lui ne pourront monter à bord que s'il signe un contrat différent. On lui dit que Champlain n'avait pas le pouvoir de conclure les arrangements prévus. Le salaire de Louis sera donc ramené à 100 livres par année pendant trois ans. Ensuite, il devra travailler uniquement pour la compagnie et sans aucun salaire. Il ne pourra pas faire de commerce des fourrures et ce qu'il cultivera devra être vendu à la compagnie au prix qu'elle fixera.

Louis sent qu'il n'a pas le choix. Il signe ce contrat injuste et s'embarque avec sa famille pour la Nouvelle-France.

La traversée de l'Atlantique durera trois mois. Le 15 juillet, lorsque les Hébert arrivent enfin à Québec, ils découvrent un monde qui est très différent de ce qu'ils ont connu à Paris. La colonie que Champlain appelle l'Habitation se trouve au bas d'une colline escarpée. Les bâtiments sont entourés d'une palissade, au-delà de laquelle s'étendent des forêts denses, toute une nature à l'état sauvage.

Mais si des arbres poussent, on peut cultiver! Louis réclame donc une terre sur la colline au-dessus de l'Habitation. Le travail de défrichage est long et ardu, et Louis n'a que sa famille pour l'aider. Comme il n'y a pas d'école à Québec, les enfants peuvent travailler avec leurs parents. Un par un, les arbres sont abattus et coupés. Puis, les souches sont lentement brûlées et arrachées du sol. S'il y a des pierres, on doit les enlever et les mettre de côté, en piles.

Gravure de l'Habitation réalisée par Samuel de Champlain (1608)

Louis les utilisera plus tard pour construire une maison, la première à être bâtie sur la colline surplombant Québec.

Il n'y a pas de charrue en Nouvelle-France puisqu'il n'y a pas de chevaux pour les tirer; Louis creuse donc sa terre à la pelle. Le travail progresse très lentement, mais lorsque Champlain revient en Nouvelle-France, en 1618, il voit que Louis a accompli beaucoup de choses. Le sol est fertile ici et Louis a encore aménagé un jardin. Son travail d'apothicaire prend beaucoup de son temps, mais il arrive quand même à faire pousser du chou, du navet, de la laitue et du persil. Il sème aussi du blé et du maïs. En plus des herbes qu'il utilisait déjà en France,

Louis cultive probablement des plantes médicinales dont les propriétés lui ont été enseignées par les Micmacs à Port-Royal : l'eupatoire pour la fièvre, le petit prêcheur pour les maux d'estomac et l'hydraste du Canada pour les saignements et les lésions de la peau.

Au fil des années, Louis plante un verger de pommiers et cultive des pommes de Normandie. Il cultive également du raisin dans un vignoble. De plus, il élève des vaches et des porcs pour procurer du lait et de la viande à sa famille. Personne d'autre ne s'adonne à de telles activités. Pour s'approvisionner, les gens de Québec continuent de dépendre en majeure partie de marchands de la France.

La compagnie met beaucoup de temps avant de reconnaître le bon travail que Louis accomplit. Tout ce qui l'intéresse est la traite des fourrures. Mais, avec le temps, la compagnie finit par changer d'opinion. En 1621, Louis est nommé procureur du roi et, en 1623, la terre qu'il a cultivée lui est concédée. Trois ans plus tard, on donne à Louis une autre terre sur la rivière Saint-Charles, près de Québec, et il reçoit le titre de Sieur de l'Espinay.

Louis ne pourra malheureusement pas se réjouir longtemps de sa réussite. Un hiver, alors qu'il est âgé de 52 ans, il fait une mauvaise chute sur la glace. Il meurt le 25 janvier 1627 et est enterré au cimetière des prêtres.

Louis Hébert restera, dans notre mémoire, le premier habitant, le premier Européen à avoir gagné sa vie comme fermier dans ce pays. Louis comprenait à quel point l'agriculture était importante et savait qu'elle allait permettre à la Nouvelle-France de devenir indépendante. Il a servi de modèle à toutes les personnes qui y sont venues après lui.

Marie-Anne Gaboury

La femme d'un voyageur

Marie-Anne Gaboury est née à l'été 1780 près de Trois-Rivières, au Québec. Vingt-cinq ans plus tard, elle est devenue une jeune femme pleine d'entrain, qui donne toutefois l'impression qu'elle ne se mariera jamais. Après tout, elle travaille depuis onze ans comme gouvernante adjointe pour le curé de l'église Saint-Joseph et semble satisfaite de sa situation.

Mais sa famille a une autre perception de Marie-Anne, qui est une jolie blonde aux yeux bleus pétillants. Débordante d'énergie et d'intelligence, Marie-Anne a l'esprit trop vif pour couler une existence paisible dans le village de Maskinongé. Elle attend quelque chose ou quelqu'un de différent.

Un soir d'hiver de 1805, cette personne entre dans sa vie.

C'est Jean-Baptiste Lagimodière, un trappeur et chasseur de bisons de 26 ans qui revient à Trois-Rivières après un séjour dans l'Ouest. Peu après son arrivée, Jean-Baptiste est invité à venir parler en public dans la salle paroissiale. Il raconte aux gens rassemblés des récits exaltants sur ses aventures comme « voyageur » pour la Compagnie du Nord-Ouest, ainsi que sur son travail de chasseur et de trappeur. Habillé de la tête aux pieds de peaux de loutre, de daim et de caribou, Jean-Baptiste est probablement l'homme le plus intéressant que Marie-Anne ait jamais rencontré.

Ils se marient le 21 avril 1806 à l'église Saint-Joseph.

Marie-Anne s'attend à passer sa vie conjugale à travailler avec son mari à la ferme familiale. Mais Jean-Baptiste n'est pas un fermier. C'est un coureur des bois qui a la ferme intention de disparaître dans les contrées sauvages pendant des mois pour chasser et tendre des collets. Il compte laisser sa femme derrière pour tenir maison et élever les enfants. Lorsqu'il lui dit qu'il part encore une fois dans l'Ouest, Marie-Anne prend une décision : elle veut l'accompagner. Jean-Baptiste ne réussit pas à la faire changer d'idée.

En compagnie d'autres voyageurs, Marie-Anne et

son mari entreprennent un voyage vers l'Ouest à destination de Pembina, sur la rivière Rouge. En traversant le lac Supérieur à bord d'énormes canots à marchandises, le groupe est secoué par deux terribles tempêtes. Un canot se renverse et des hommes se noient. C'est un voyage difficile et périlleux pour quelqu'un qui n'en a pas l'habitude, mais Marie-Anne est prête à tout pour demeurer auprès de son mari.

Deux longs mois plus tard, ils arrivent au poste de traite de fourrures de Pembina, où ils s'installent dans une tente. C'est là que Marie-Anne apprend quelque

chose qui la bouleverse terriblement. Jean-Baptiste a déjà une femme – une femme autochtone. Ils ont aussi trois enfants métis, des filles moitié françaises, moitié cries.

À l'époque, bien des voyageurs avaient une femme autochtone, car il était difficile de survivre dans les régions sauvages sans une femme à ses côtés. Une femme autochtone faisait les repas de son mari, réparait ses vêtements et lui confectionnait des mocassins. Elle lui préparait du pemmican à partir de gras, de fruits sauvages et de viande de bison séchée. Elle pouvait même lui servir d'interprète.

Mais selon la loi, la femme et les trois filles cries de Jean-Baptiste ne sont pas reconnues comme sa famille

légale. Pour les deux femmes, la situation est très pénible; Jean-Baptiste emmène donc Marie-Anne à un nouveau campement situé à une soixantaine de kilomètres plus loin. Malheureusement, personne ne sait ce qui est advenu de sa famille crie.

Lorsque Marie-Anne tombe enceinte, elle retourne avec Jean-Baptiste s'établir au poste de traite où, en 1807, elle met au monde son premier enfant, assistée par les femmes de la place. Ils prénomment leur bébé Reine parce qu'elle naît le 6 janvier, le jour où les Rois mages ont visité l'enfant Jésus. Ce printemps-là, la petite famille se met en route pour Edmonton House, un autre poste de traite. Jean-Baptiste a décidé d'être trappeur pour la Compagnie de la Baie d'Hudson, qui lui offre plus d'argent que la Compagnie du Nord-Ouest.

Marie-Anne accompagne maintenant son mari partout où il chasse et tend des collets. Lorsqu'ils se rendent dans des campements autochtones, Marie-Anne fait souvent sensation parce qu'elle est la première femme blanche que les autochtones rencontrent. Bien qu'elle vive à la manière de son mari, Marie-Anne s'habille toujours à la française. Peu importe où elle va, elle apporte même un fer à repasser afin de pouvoir défroisser ses vêtements.

Un été, Marie-Anne, qui est de nouveau enceinte, traverse la prairie à cheval avec Jean-Baptiste. Reine est dans un berceau en planches à ses côtés. Soudain, le

cheval de Marie-Anne aperçoit un troupeau de bisons. Comme il a déjà été monté pour chasser, il se met à galoper et Marie-Anne est incapable de le contrôler. Jean-Baptiste réussit à arrêter l'animal. Quelques heures plus tard, leur deuxième enfant naît là, en pleine prairie. Il est surnommé Laprairie.

Le printemps suivant, ils sont capturés par des Sarsi. En pleine nuit, Marie-Anne et Jean-Baptiste réussissent à s'échapper à cheval avec leurs deux enfants.

Ils chevauchent sans relâche pendant cinq jours. Lorsqu'ils arrivent au fort, Marie-Anne s'aperçoit que les Sarsi les ont poursuivis pendant tout le trajet. Ils s'en sont sortis de justesse.

En 1812, la famille compte quatre enfants. Marie-Anne sait qu'elle ne suivra plus son mari; elle va rester dans leur hutte à Rivière-Rouge. L'endroit ne ressemble plus à ce qu'elle a connu lors de son premier voyage

dans l'Ouest. Près de 200 personnes y habitent maintenant et sa population continue de croître.

En 1818, Jean-Baptiste construit une maison en bois rond sur ce qu'on appelle maintenant la colonie de Rivière-Rouge. Heureusement, tous les huit enfants de Marie-Anne et Jean-Baptiste ont survécu aux conditions difficiles de leur enfance. Sept d'entre eux s'établissent dans la région, près de leurs parents. Même si Marie-Anne les aime tous, il semble qu'une de ses filles, Julie, soit sa préférée. Julie épouse un homme métis du nom

de Louis Riel. Plus tard, ils auront un garçon qu'ils appelleront aussi Louis. Ce garçon deviendra un grand chef métis.

Marie-Anne meurt à 95 ans. Au cours de sa vie, elle a été témoin de nombreux changements dans l'Ouest. D'énormes troupeaux de bisons ont cédé la place à des champs de blé et l'agriculture a remplacé la traite des fourrures. Tout en s'adaptant à ces changements, Marie-Anne est demeurée ce qu'elle avait toujours été : une véritable pionnière.

John Crysler

Un pionnier loyaliste

John Crysler a dix ans la première fois qu'il part pour la guerre.

Il vient d'une famille de gens pacifiques. En fait, c'est pour fuir une guerre en Allemagne que ses grands-parents se sont établis dans la colonie de New York en 1710. Ils avaient pour nom Greisler, mais ont dû le changer pour Crysler afin que les gens puissent l'épeler et le prononcer, ce qui est un bien petit prix à payer pour vivre en sécurité.

À la naissance de John en 1770, les forêts denses et les champs labourés autour de Schoharie, dans la colonie de New York, sont une oasis de paix. Ses parents, Philip et Elizabeth, possèdent une ferme productive. Il y a un atelier de forgeron sur leur terre de 50 acres, et ce qu'ils cultivent nourrit toute la famille. Ils forment une famille unie; des tantes, oncles et cousins exploitent des fermes tout près. Puis un jour, la paix des Crysler est interrompue.

Certaines personnes croient que New York et les autres colonies ne devraient plus appartenir à l'Angleterre et que les gens devraient pouvoir exploiter leur ferme et leur entreprise sans payer de lourdes taxes à un roi et à un pays qui se trouvent loin, de l'autre côté de l'Atlantique. Ces patriotes désirent l'indépendance. En 1776, ils déclarent que les treize colonies deviendront les États-Unis d'Amérique; c'est le déclenchement de la guerre de l'Indépendance.

Mais ce n'est pas tout le monde qui désire se séparer de l'Angleterre. Comme bien d'autres, les Crysler sont loyalistes. La famille de John trouve refuge à Fort Niagara et les hommes deviennent membres d'un groupe appelé les Butler's Loyal Rangers. En 1780, John et son frère de 12 ans, Geronimus, deviennent de jeunes tambours. Aux côtés de leurs alliés mohawks, les hommes de la famille Crysler se battent contre les patriotes. Des maisons et des récoltes sont incendiées; de nombreuses personnes meurent dans les deux camps.

La guerre prend fin et, en 1783, un traité est signé, apportant la paix aux États-Unis. Il n'y a toutefois pas de paix pour la famille de John et les autres Loyalistes, car leurs voisins n'ont pas oublié les attaques et les batailles. Le gouvernement des États-Unis saisit la propriété des Crysler; ils abandonnent donc leur maison l'année suivante pour aller s'établir au Canada, une colonie britannique. John a alors 14 ans.

Laissant derrière eux presque tous leurs biens, la famille de John et des milliers d'autres Loyalistes entreprennent le dur voyage vers Montréal, puis se rendent à Johnstown. Les arpenteurs qui sont partis avant eux ont mesuré des terres le long du fleuve Saint-Laurent et les ont divisées en cantons qui reçoivent les noms des enfants du roi George. Ce territoire portera éventuellement le nom de Haut-Canada. Le père de John demande au gouvernement de lui octroyer une terre; en 1787, les Crysler s'établissent à Williamsburgh. Même s'ils sont très jeunes, John et son frère reçoivent aussi

Pionniers loyalistes traversant un ruisseau en Ontario

des concessions de terre.

Les débuts sont très difficiles. Le gouvernement approvisionne les Loyalistes pour les aider à s'installer et à ensemencer leurs terres. Petit à petit, les Crysler reconstruisent leur vie. John travaille avec sa famille dans les champs. Il aide à construire la cabane toute simple qui a probablement été leur première maison.

Lorsque John atteint l'âge adulte, il sait qu'il a besoin d'une femme à ses côtés pour l'aider à exploiter sa ferme et à tenir maison. Malheureusement, ses deux premières épouses meurent, lui laissant cinq enfants. La troisième femme de John, Nancy Finkle, vivra longtemps et, ensemble, ils auront beaucoup d'autres enfants. John cultive sa terre et ouvre un magasin. Il construit un moulin à scie pour le bois de sciage et un moulin à broyer le grain pour la farine. John est un homme occupé et prospère qui possède beaucoup de terres, ainsi qu'une maison imposante et confortable.

La paix au nom de laquelle les Loyalistes ont tant

sacrifié ne dure pas. En 1812, lorsque la Grande-Bretagne et les États-Unis entrent en guerre, le Canada demeure loyal envers l'Angleterre. John Crysler aussi.

Le Canada doit être défendu. Toujours actif dans l'armée, John est capitaine dans la milice locale. Par conséquent, il est maintenant souvent au loin avec ses hommes. C'est une situation difficile pour sa famille parce que sa femme et ses enfants doivent s'occuper de la ferme et des affaires.

La maison de ferme de John devient le quartier général de l'armée britannique. Le 11 novembre 1813, une bataille a lieu sur la ferme de John alors que sa femme et quelques uns de ses enfants sont cachés dans la cave à légumes de leur maison. C'est la bataille de Crysler's Farm. Bien qu'ils soient moins nombreux, les soldats britanniques et la milice se défendent bien, et les troupes américaines doivent se replier. John

est envoyé à Montréal pour donner des nouvelles de la bataille.

La ferme de John retrouve la paix, mais encore une fois, le prix à payer est élevé. Beaucoup de soldats ont perdu la vie au combat. La maison et les granges ont été transformées en hôpitaux pour les blessés, et les provisions ont diminué rapidement parce que l'armée les a utilisées. De plus, le champ a été piétiné au cours de la bataille et les récoltes ont été dévastées. La belle maison de John a été fortement endommagée. Comme les dommages s'élèvent à 400 livres (environ 2 200 $), John fait une fois de plus appel au gouvernement, qui vient à son aide.

Après la guerre de 1812, les moulins à scie et à

grain de John deviennent encore plus importants pour la famille. Un village appelé Crysler se bâtit autour de ces moulins et John finit par s'y établir.

Par la suite, John continue de servir sa collectivité. Maintenant juge de paix, il entend les causes dans la taverne locale puisqu'il n'y a pas de palais de justice. En 1807, il est nommé à l'un des postes d'administrateur des nouvelles écoles publiques de la région. Plus tard, il devient même membre de la Chambre d'assemblée du Haut-Canada.

En 1838, pour la troisième fois de sa vie, John part à la guerre pour défendre sa patrie. Les rebelles et leur chef, William Lyon Mackenzie, croient que le Haut-Canada devrait se séparer de la Grande-Bretagne. John est alors lieutenant-colonel dans la milice. Il conduit ses hommes – dont beaucoup ont combattu lors de la guerre de 1812 – au village de Prescott, où ils réussissent à chasser les rebelles. John est âgé de 68 ans, mais sa flamme loyaliste n'a pas faibli.

John Crysler meurt en 1852, loyaliste jusqu'à la fin. Il est enterré au cimetière anglican de Crysler.

Susanna Moodie

Une dame de bonne famille dans le Haut-Canada

En 1813, Reydon Hall est un vieux manoir qui se niche dans la campagne anglaise depuis 130 ans. Ses greniers immenses et ses caves mystérieuses sont un endroit parfait pour jouer. C'est là que Susanna Strickland, alors âgée de 10 ans, a passé son enfance.

Bien que leurs deux jeunes frères fréquentent l'école, Susanna et ses cinq sœurs aînées n'y vont pas. Thomas et Elizabeth Strickland instruisent plutôt leurs filles à la maison. Ils ont une bibliothèque remplie de livres et, par beau temps, la plage et les champs se font invitants.

La turbulente Susanna aux cheveux roux est très

près de sa sœur Catharine. Elles se passionnent toutes deux pour la poésie, l'histoire, le théâtre et la nature. Mais ce qui les rapproche le plus est sans doute leur amour de l'écriture.

À la mort de leur père en 1818, elles n'ont que 15 et 16 ans. C'est un tournant dans leur vie. Susanna et Catharine, comme trois de leurs sœurs, se mettent à écrire avec l'idée d'en faire leur gagne-pain. En 1819,

Catharine publie une histoire pour enfants, tandis que le premier livre pour enfants de Susanna paraît en 1822. C'est ainsi que débutent les carrières d'auteures des deux jeunes femmes.

Susanna s'installe à Londres en 1830. L'année suivante, elle épouse John Moodie, écrivain britannique et officier de l'armée à la retraite. Le couple loue une petite maison non loin de Reydon Hall; c'est là que naît Katie, leur premier enfant. Bien qu'ils soient heureux, il n'y a pas d'avenir pour les Moodie en Angleterre. Ils songent à émigrer au Canada. Samuel, le frère de Susanna, vit dans la région de Peterborough, et les lettres qu'il leur envoie sont encourageantes. Mais Susanna a des doutes, car rien dans la vie ne l'a préparée à devenir une pionnière.

Peu avant l'embarquement de Susanna et sa famille, Catharine annonce qu'elle aussi va épouser un officier de l'armée à la retraite, Thomas Traill. En 1832, les Traill quittent l'Angleterre pour aller s'établir au Canada.

Susanna et sa famille les suivent. La traversée de neuf semaines à bord du brick *Anne* n'est pas agréable; Susanna a le mal de mer, la nourriture est mauvaise et on manque d'eau. Lorsque le bateau accoste enfin à Grosse-Île, Susanna est horrifiée à la vue du chaos que forment les centaines de nouveaux immigrants. Le brick continue son chemin vers Montréal et, de là, les Moodie

voyagent en diligence et en bateau à vapeur jusqu'à Cobourg, dans le Haut-Canada.

Susanna n'est pas heureuse là-bas, dans sa maison qui, à son avis, ressemble à une étable ou une porcherie. Elle habite loin de sa sœur Catharine et trouve que ses voisins américains ne sont pas accueillants. À leurs yeux, Susanna est une prétentieuse, une femme trop intéressée par les livres et le savoir.

Susanna et John décident de s'établir dans les contrées sauvages, près de la famille de Catharine et de Samuel. Ainsi, en février 1834, les Moodie voyagent en traîneau pendant 18 heures pour se rendre à la nouvelle maison des Traill, située sur le bord du lac Katchawanooka. Plus tard, Susanna écrira : *J'observais à travers mes larmes le décor sauvage étrange qui m'entourait et, au fond de moi-même, je m'en émerveillais. Qu'est-ce qui m'amenait ici?*

John sait que ce style de vie sera difficile pour sa femme; de plus, ils ont maintenant une deuxième petite fille. Mais le fait que Susanna peut profiter de la compagnie de sa sœur pendant qu'il supervise les travaux de construction de leur propre maison en bois rond est d'un grand secours. Et quand ils emménagent,

ils sont à moins de deux kilomètres de la maison de Catharine.

Susanna constate que ses nouveaux voisins sont très différents de ceux qu'elle côtoyait à Cobourg. Ici,

Une des premières maisons canadiennes en bois rond

dans les coins reculés, les gens travaillent ensemble. Les hommes s'entraident pour défricher les terres et construire les maisons. Les femmes font de même pour mettre les bébés au monde, fabriquer des médicaments à base de plantes et soigner les enfants malades. Dans un tel isolement, c'est la seule façon de survivre.

En 1837, il y a des rébellions dans le Haut et le Bas-Canada. John s'enrôle dans la milice et, comme il est officier, il doit s'absenter de la ferme plusieurs mois de suite. Avec quatre enfants dont il lui faut prendre soin – il y a maintenant deux petits garçons – Susanna doit se démener pour s'en tirer. Ses voisins et sa famille l'aident, mais sans John, c'est difficile.

Susanna ne manque pas d'occasions de faire preuve d'ingéniosité. Ce février-là, par un froid glacial, le toit de la maison prend feu. Tandis que de gros morceaux en flammes commencent à tomber du plafond en planches de pin, Susanna traîne les tiroirs d'une commode jusqu'au haut d'une colline voisine et y place des couvertures, dans lesquelles elle enveloppe les enfants en attendant que les secours arrivent.

Au fil des années que les Moodie passent sur leur

concession, Susanna apprend à préparer du ragoût d'anguilles et du café de pissenlit. Elle subit aussi des hivers rigoureux, des étés accablants et même une tornade dévastatrice. Elle écrira plus tard : *Quand rien ne va plus, en général, les choses se mettent à mieux aller.*

Ce n'est pas ce qui se produit avec leur ferme. Bien que la campagne soit magnifique, le sol est pauvre et les récoltes, décevantes. En 1839, John déménage Susanna et les enfants à Belleville. Leurs années dans les contrées sauvages sont terminées.

Susanna n'oublie pas ses expériences. Durant ces années, elle a publié quelques poèmes et nouvelles, et, en 1836, sa sœur Catharine a réussi à publier un livre : *The Backwoods of Canada.* Comme John est shérif du

Peinture montrant Belleville en 1830

comté, Susanna est maintenant prête à écrire, elle aussi, sur ses années passées dans les contrées sauvages. *Roughing It in the Bush: Life in Canada* est publié en Angleterre en 1852.

Goldfinch and Thistle, œuvre réalisée par Susanna Moodie (1869)

Susanna Moodie ne deviendra jamais riche. Quand, en 1863, John quitte ses fonctions de shérif, elle se met à vendre des peintures de fleurs. Après bien des années, en 1871, *Roughing It in the Bush* est finalement publié au Canada.

Susanna est veuve lorsqu'elle meurt en 1885. Elle laisse derrière elle sa sœur Catharine, cinq de ses enfants et beaucoup de petits-enfants. Elle laisse aussi des histoires, des romans, des poèmes et des peintures. Grâce à elle, nous avons une bonne idée des sacrifices consentis par les femmes de bonne famille qui ont choisi de venir au Canada comme pionnières et ont mené une vie dure dans des régions inexploitées.

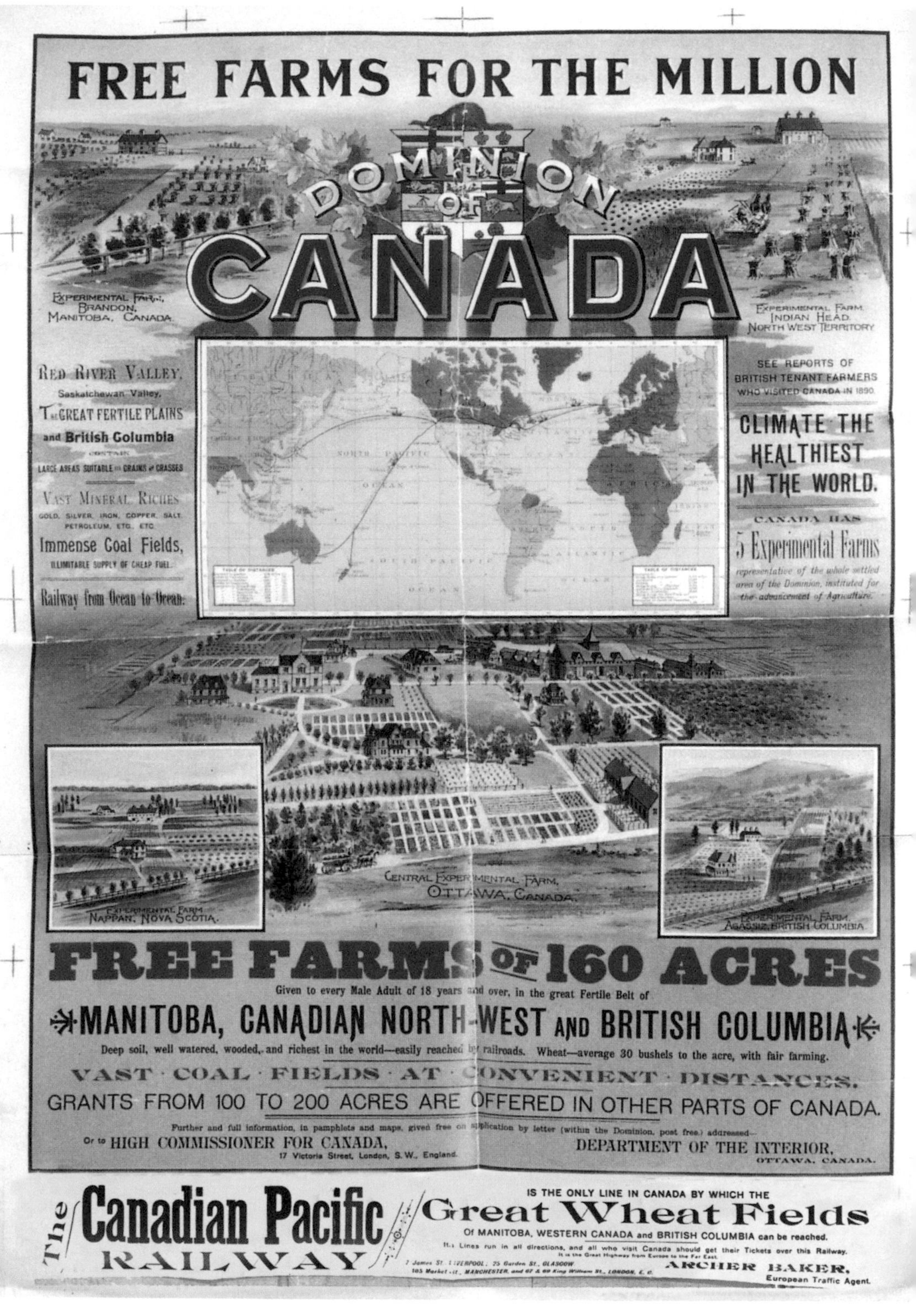

Affiche faisant la promotion de l'immigration dans l'Ouest (vers 1890)

Wasyl Eleniak

Un colon des Prairies

En 1891, le Canada est un pays qui compte près de cinq millions de personnes vivant surtout en Ontario, au Québec et dans les Maritimes. Compte tenu de son étendue, le pays n'est pas très peuplé. La construction du chemin de fer Canadien Pacifique a pris fin en 1885; le pays est donc relié de l'Atlantique au Pacifique. À l'ouest, d'immenses prairies au sol fertile attendent qu'on s'y établisse. Il ne manque que des pionniers de bonne volonté.

Le gouvernement du premier ministre John A. Macdonald et la compagnie de chemin de fer ont un plan. Ils vont envoyer en Grande-Bretagne et à quelques autres pays d'Europe des annonces qui inviteront les gens à venir au Canada, où ils obtiendront 160 acres de terre pour presque rien. Tout ce qu'on leur demandera, ce sera de se rendre sur place.

Des pionniers allemands font circuler la nouvelle de cette offre extraordinaire jusqu'à Nebyliw, en Ukraine de l'Ouest. Pour Wasyl Eleniak, cela doit tenir du miracle.

Wasyl est né dans le village de Nebyliw le 22 décembre 1859; il vient d'une famille de quatre enfants. Les Eleniak sont extrêmement pauvres et n'ont qu'une terre d'environ quatre acres et demi, ainsi que quelques animaux. Quand ses parents meurent, Wasyl devient chef de famille. Il n'a que 18 ans.

En 1883, il épouse Anna Roshko. Étant pauvres, ils doivent vivre avec les parents d'Anna. Puis naissent leurs enfants Maria, Fedir et Magda. La dot d'Anna consistait en quatre acres et demi de terre, 100 couronnes (environ 40 $) et une vache. Le couple trime pour exploiter sa terre, et Wasyl travaille aussi comme bûcheron. De plus, tous deux sont ouvriers chez de riches propriétaires terriens. Wasyl accepte difficilement les terribles conditions de travail que doit supporter sa femme. Il fait donc le vœu d'améliorer leur vie. Avec deux autres hommes du village, il décide de se rendre au Canada pour aller vérifier si les choses merveilleuses qu'on raconte sont vraies. Les longues années de travail qui le mèneront à son but ne font que commencer.

Les trois hommes se mettent en route pour Hambourg, en Allemagne, où un bateau les attend. Seuls Wasyl et un de ses compagnons ont les 150 couronnes nécessaires pour traverser la frontière. Leur ami est refusé. À Hambourg, ils s'inscrivent comme manœuvres sur la liste des passagers du *SS Oregon*. Le bateau les mène d'abord à Liverpool, en Angleterre; 11 jours plus tard, le 7 septembre 1891, ils arrivent à Montréal, deux Ukrainiens qui débarquent en sol canadien.

Les deux hommes prennent le train pour Winnipeg. Un agent des terres les emmène d'abord à Langenburg, puis à Calgary, afin qu'ils puissent voir les terres de leurs yeux. Ils constatent qu'on leur a dit la vérité. Il y a plus de sol fertile ici qu'ils ne l'avaient espéré. Il y a mieux encore : les habitants du Canada jouissent d'une grande liberté politique et religieuse. Les deux hommes pourront oublier la pauvreté qu'ils ont connue en Ukraine. De retour à Winnipeg, ils versent chacun un dépôt de 10 $ sur une terre de Langenburg.

Comme ils ont besoin de travail et d'argent pour faire venir leur famille, ils aident un fermier mennonite à battre le blé sur sa ferme, à Gretna, au Manitoba. Pour ce travail, ils reçoivent chacun 1,50 $ par jour. En 1893, quand Wasyl a économisé 220 $, il entreprend le long voyage de retour à Nebyliw pour aller chercher Anna et les enfants. N'ayant pas assez d'argent pour revenir au Canada, il travaille pendant deux mois à descendre une rivière sur des radeaux de billots. Finalement, le 25 juin 1894, il est en mesure de se rendre au Canada avec sa femme et ses enfants; deux autres familles les accompagnent.

Pour exploiter une ferme, il faut plus qu'une terre gratuite. Il faut des chevaux, une charrue, des semences et bien des provisions. Wasyl travaille donc quatre autres années comme gardien de troupeau pour les mennonites de Gretna. Il met de l'argent de côté et continue de rêver à sa ferme. On le surnomme « cowboy lemko » ou « cowboy ukrainien ». Il a maintenant décidé qu'il ne s'établirait pas à Langenburg. Avec la famille de son frère qui a aussi immigré, il met plutôt tous leurs biens dans un wagon couvert d'un train à destination de la colonie d'Edna, à Chipman, en Alberta. Ces biens comprennent du tissu pour confectionner des vêtements aux enfants, un peu de jambon et de farine, deux vaches, 30 poulets, deux bœufs, un chariot et une charrue. Nous sommes en 1898 et la famille est enfin prête à s'établir.

Wasyl et sa famille font la culture de céréales. Ils ont aussi de la volaille, des vaches laitières et un potager. De plus, ils élèvent du bétail, ainsi que des chevaux, que Wasyl affectionne beaucoup. Il a d'ailleurs un véritable don pour mater les chevaux sauvages. Il n'aura jamais

son propre tracteur. Il choisit plutôt de se joindre à quelques-uns de ses voisins pour acheter un tracteur et une batteuse à vapeur.

Wasyl devient un colon prospère; sa ferme prendra éventuellement de l'expansion et comptera 640 acres. Actif au sein de la collectivité, il est considéré comme un bon voisin et un bon père de famille. Lorsqu'il meurt en 1956, à l'âge de 96 ans, il laisse derrière lui quatre générations d'Eleniak : sept enfants, 51 petits-enfants, 62 arrière-petits-enfants et un arrière-arrière-petit-enfant.

Deux cent mille Ukrainiens ont immigré au Canada entre 1896 et 1914. Ils étaient prêts à travailler dur et à faire d'énormes sacrifices pour vivre dans ce pays. Ils ont apporté avec eux une riche culture qui est encore vivante aujourd'hui. Lorsque la Loi sur

la citoyenneté canadienne est entrée en vigueur en 1947, Wasyl a été l'une des premières personnes, et le premier Ukrainien, à recevoir son certificat de citoyenneté. Il l'a accepté avec fierté, en son nom et en celui de tous les Ukrainiens.

Photo de Wasyl Eleniak prise par Yousef Karsh le jour après qu'ils ont tous deux reçu leur citoyenneté canadienne (1947)